CONTEÚDO DIGITAL PARA ALUNOS

Cadastre-se e transforme seus estudos em uma experiência única de aprendizado:

Escaneie o QR Code para acessar a página de cadastro.

Complete-a com seus dados pessoais e as informações de sua escola.

Adicione ao cadastro o código do aluno, que garante a exclusividade de acesso.

1666464A5521018

Agora, acesse:
www.editoradobrasil.com.br/leb

e aprenda de forma inovadora e diferente! :D

Lembre-se de que esse código, pessoal e intransferível, é valido por um ano. Guarde-o com cuidado, pois é a única maneira de você utilizar os conteúdos da plataforma.

LUIZ ROBERTO
DANTE

RACIOCÍNIO E CÁLCULO MENTAL
ATIVIDADES DE MATEMÁTICA

1

ENSINO
FUNDAMENTAL

Dados Internacionais de Catalogação na Publicação (CIP)
(Câmara Brasileira do Livro, SP, Brasil)

Dante, Luiz Roberto
Raciocínio e cálculo mental: atividades de matemática 1: ensino fundamental / Luiz Roberto Dante. – São Paulo: Editora do Brasil, 2019.

ISBN 978-85-10-07454-4 (aluno)
ISBN 978-85-10-07455-1 (professor)

1. Atividades e exercícios (Ensino fundamental) 2. Matemática (Ensino fundamental) 3. Raciocínio e lógica I. Título.

19-26392   CDD-372.7

Índices para catálogo sistemático:
1. Matemática : Ensino fundamental 372.7
Maria Alice Ferreira - Bibliotecária - CRB-8/7964

© Editora do Brasil S.A., 2019
Todos os direitos reservados

Direção-geral: Vicente Tortamano Avanso

Direção editorial: Felipe Ramos Poletti
Gerência editorial: Erika Caldin
Supervisão de arte e editoração: Cida Alves
Supervisão de revisão: Dora Helena Feres
Supervisão de iconografia: Léo Burgos
Supervisão de digital: Ethel Shuña Queiroz
Supervisão de controle de processos editoriais: Roseli Said
Supervisão de direitos autorais: Marilisa Bertolone Mendes

Supervisão editorial: Rodrigo Pessota
Consultoria técnica: Clodoaldo Pereira Leite
Edição: Rodolfo da Silva Campos e Sônia Scoss Nicolai
Assistência editorial: Cristina Perfetti e Erica Aparecida Capasio Rosa
Copidesque: Giselia Costa, Ricardo Liberal e Sylmara Beletti
Revisão: Elis Beletti e Marina Moura
Pesquisa iconográfica: Isabela Meneses
Assistência de arte: Letícia Santos
Design gráfico: Andrea Melo e Talita Lima
Capa: Andrea Melo e Cida Alves
Edição de arte: Andrea Melo e Renné Ramos
Imagem de capa: Karayuschij/Dreamstime.com
Ilustrações: Adolar, Claudia Marianno, Dayane Cabral Raven, Denis Cristo, João P Mazzoco, Kau Bispo e Murilo Moretti
Produção cartográfica: DAE (Departamento de Arte e Editoração)
Coordenação de editoração eletrônica: Abdonildo José de Lima Santos
Editoração eletrônica: Viviane Yonamine
Licenciamentos de textos: Cinthya Utiyama, Jennifer Xavier, Paula Harue Tozaki e Renata Garbellini
Produção fonográfica: Jennifer Xavier e Cinthya Utiyama
Controle de processos editoriais: Bruna Alves, Carlos Nunes, Rafael Machado e Stephanie Paparella

1ª edição / 1ª impressão, 2019
Impresso na Meltingcolor Gráfica e Editora Ltda.

Rua Conselheiro Nébias, 887
São Paulo, SP – CEP 01203-001
Fone: +55 11 3226-0211
www.editoradobrasil.com.br

APRESENTAÇÃO

RACIOCÍNIO LÓGICO E CÁLCULO MENTAL SÃO FERRAMENTAS QUE DESAFIAM A CURIOSIDADE, ESTIMULAM A CRIATIVIDADE E NOS AJUDAM NA HORA DE RESOLVER PROBLEMAS E ENFRENTAR SITUAÇÕES DESAFIADORAS.

NESTE PROJETO APRESENTAMOS ATIVIDADES QUE FARÃO VOCÊ PERCEBER REGULARIDADES OU PADRÕES, ANALISAR INFORMAÇÕES, TOMAR DECISÕES E RESOLVER PROBLEMAS. ESSAS ATIVIDADES ENVOLVEM NÚMEROS E OPERAÇÕES, GEOMETRIA, GRANDEZAS E MEDIDAS, ESTATÍSTICA, SEQUÊNCIAS, ENTRE OUTROS ASSUNTOS.

ESPERAMOS CONTRIBUIR PARA SUA FORMAÇÃO COMO CIDADÃO ATUANTE NA SOCIEDADE.

BONS ESTUDOS!

O AUTOR

SUMÁRIO

ATIVIDADES

CÁLCULO MENTAL 26, 27, 28, 33, 34, 35, 36, 38, 40, 43, 44, 50, 51

FAIXA DECORATIVA 8, 20, 22

GEOMETRIA 11, 12, 14, 20, 37, 41, 46, 54, 55, 57, 62

GRANDEZAS E MEDIDAS.......................................16, 17, 23, 25, 40, 42, 51, 61

MOSAICO 9, 29

NÚMERO 8, 18, 19, 22, 24, 26, 27, 28, 29, 32, 33, 34, 35, 36, 38, 39, 43, 47, 48, 51, 52, 54, 55, 56, 57, 58, 59, 60, 62, 63

RACIOCÍNIO LÓGICO FORMAL.......................................6, 9, 10, 12, 15, 20, 21, 22, 25, 29, 45, 49, 52, 60

SEQUÊNCIA COM FIGURAS. 7, 13, 14, 31, 37, 41, 46, 58

SEQUÊNCIA COM NÚMEROS..13, 44, 58

TESTE SUA ATENÇÃO 7, 11, 14, 21, 30, 54, 56, 58, 59

TRATAMENTO DA INFORMAÇÃO...53, 63

REFERÊNCIAS 64

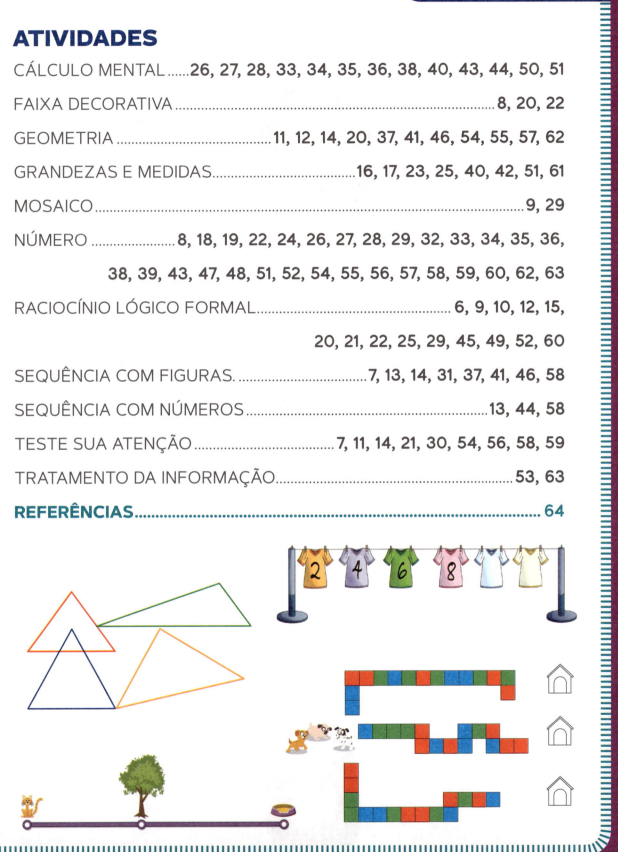

OS VASOS DE MARIANA E MARTA

A) QUAL É O VASO DE MARIANA?
ASSINALE-O COM **X**.

B) AGORA DESENHE AS FLORES NO VASO DE MARTA.
ELE TEM 4 FLORES. UMA DELAS É VERDE E AS OUTRAS SÃO AMARELAS.

QUAIS SÃO AS DUAS CASINHAS IGUAIS?

MARCELO DESENHOU E PINTOU 5 CASINHAS. DUAS DELAS SÃO IGUAIS.
OBSERVE AS FORMAS, OS TAMANHOS E AS CORES UTILIZADAS. DESCUBRA AS DUAS CASINHAS IGUAIS E ASSINALE-AS COM **X**.

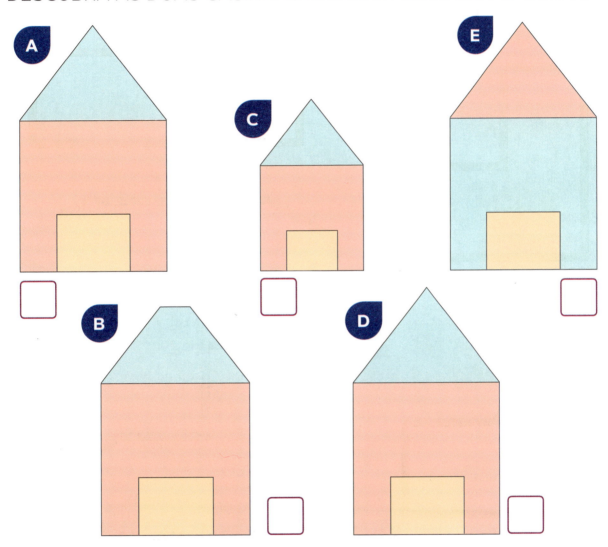

 ## SEQUÊNCIA: VAMOS COMPLETAR?

DESCUBRA A REGULARIDADE PARA COMPLETAR A SEQUÊNCIA.

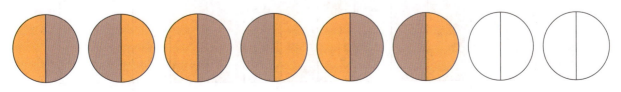

CONSTRUÇÕES COM PALITOS COLORIDOS: VAMOS CONTAR OS PALITOS?

MARCELO FEZ VÁRIAS CONSTRUÇÕES USANDO PALITOS COLORIDOS.
DESCUBRA E ASSINALE AS 3 CONSTRUÇÕES EM QUE ELE USOU O MESMO NÚMERO DE PALITOS.

FAIXA DECORATIVA: VAMOS COMPLETAR?

DESCUBRA A REGULARIDADE PARA COMPLETAR A FAIXA.

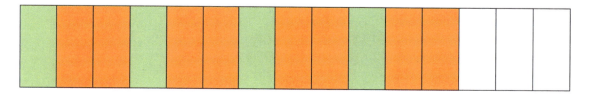

QUEM É O JÚLIO? QUEM É O PEDRO? QUEM É O MARCOS?

LEIA AS INFORMAÇÕES A SEGUIR PARA DESCOBRIR E LIGUE CADA NOME À CRIANÇA CORRESPONDENTE.

- ◆ JÚLIO TEM A CAMISETA E O BONÉ COM A MESMA COR.
- ◆ A CAMISETA DE PEDRO TEM A MESMA COR DO BONÉ DE MARCOS.

JÚLIO •

PEDRO •

MARCOS •

 ## MOSAICO: VAMOS COMPLETAR?

DESCUBRA A REGULARIDADE PARA COMPLETAR O MOSAICO.

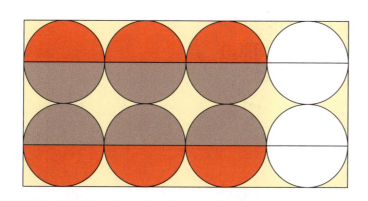

A PILHA DE CUBOS: VAMOS PINTAR?

IVO E DUAS COLEGAS USARAM 4 CUBOS, CADA UM DE UMA COR, E CONSTRUÍRAM UMA PILHA COM ELES. PINTE OS CUBOS NO DESENHO DA PILHA DE ACORDO COM AS INFORMAÇÕES DAS CRIANÇAS.

DESCUBRA QUEM SOU EU E ASSINALE COM X.

A) SOU UMA DESTAS PLACAS E TENHO A FORMA TRIANGULAR.

B) SOU A LETRA QUE APARECE MAIS VEZES NA PALAVRA MATEMÁTICA.

C) SOU O CAMINHO MAIS CURTO, ENTRE ESTES 3 CAMINHOS, PARA IR DE **A** ATÉ **B**.

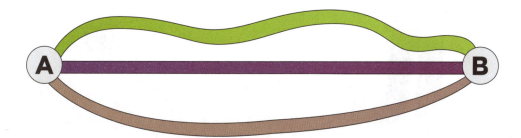

D) SOU UMA ESTRELA DE 5 PONTAS.

🚩 É HORA DE PINTAR BOLAS!

VEJA RODRIGO E LAURA.
ELES ESTÃO BRINCANDO COM BOLAS. VAMOS PINTÁ-LAS.

◆ PINTE DE 🟠 A BOLA QUE ESTÁ À DIREITA DE LAURA.

◆ PINTE DE 🟢 A BOLA QUE ESTÁ À ESQUERDA DE RODRIGO.

◆ PINTE DE ⚪ A BOLA QUE ESTÁ ENTRE LAURA E RODRIGO, MAIS PERTO DE LAURA.

◆ PINTE DE 🟤 A BOLA QUE SOBROU.

AGORA ASSINALE COM **X** A CRIANÇA QUE ESTÁ COM O BRAÇO ESQUERDO LEVANTADO.

SEQUÊNCIAS E REGULARIDADES

DESCUBRA UMA REGULARIDADE EM CADA SEQUÊNCIA. COMPLETE O ÚLTIMO ELEMENTO MANTENDO ESSA REGULARIDADE.

A) FACES DE UM DADO

B) PEÇAS DE DOMINÓ

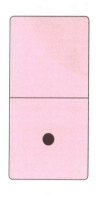 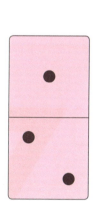 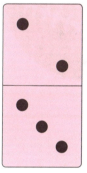 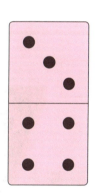 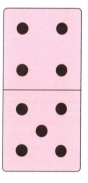 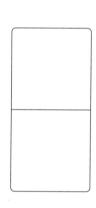

C) LARANJAS NO PRATO

D) HORAS EXATAS

🚩 À PROCURA DO INTRUSO

EM CADA QUADRO HÁ 3 OBJETOS COM A MESMA FORMA E 1 INTRUSO CUJA FORMA É DIFERENTE DA FORMA DOS OUTROS 3.
DESCUBRA QUAL É O INTRUSO E ASSINALE-O COM **X**.

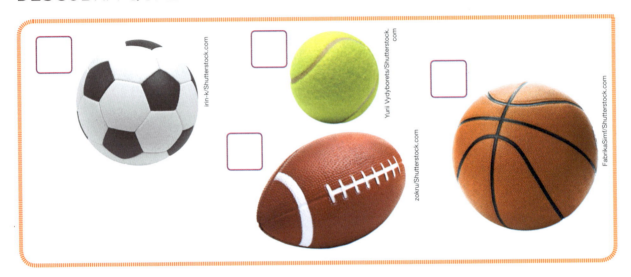

🧩 SEQUÊNCIA: VAMOS COMPLETAR?

DESCUBRA A REGULARIDADE PARA COMPLETAR A SEQUÊNCIA.

BRINCADEIRAS NO PARQUE

ANDRÉ E OS COLEGAS DE TURMA ESTÃO BRINCANDO NO PARQUE.
QUAL DAS CRIANÇAS É ANDRÉ? DESCUBRA E ASSINALE-O COM **X**.

- ANDRÉ ESTÁ EM UM GRUPO DE 4 CRIANÇAS.

- ANDRÉ É O ÚNICO DO GRUPO COM BONÉ.

COMPARAR, DESENHAR E PINTAR!

OBSERVE A ALTURA DA ÁRVORE VERDE E A DA ÁRVORE AMARELA DESENHADAS A SEGUIR.

A) DESENHE UMA ÁRVORE VERMELHA ENTRE ELAS. O TRONCO JÁ ESTÁ COMEÇADO.

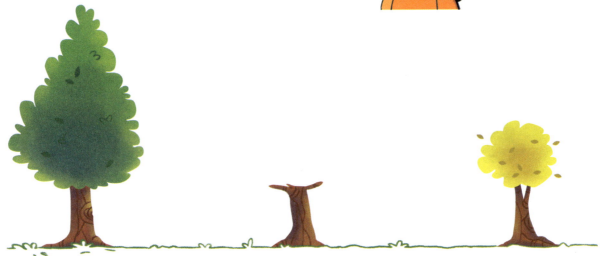

B) PINTE SUCO DE LARANJA NA VASILHA DO MEIO.

🧩 VAMOS "ESTICAR" OS BARBANTES?

VÍTOR E ANA ESTAVAM BRINCANDO COM PEDAÇOS DE BARBANTE.

ELES DESENHAVAM DE DUAS MANEIRAS CADA PEDAÇO QUE COLOCAVAM EM UMA MESA. A SEGUNDA MANEIRA MOSTRAVA SEMPRE O BARBANTE "ESTICADO".

VEJA DOIS EXEMPLOS E DESENHE O BARBANTE "ESTICADO" NOS DEMAIS ITENS.

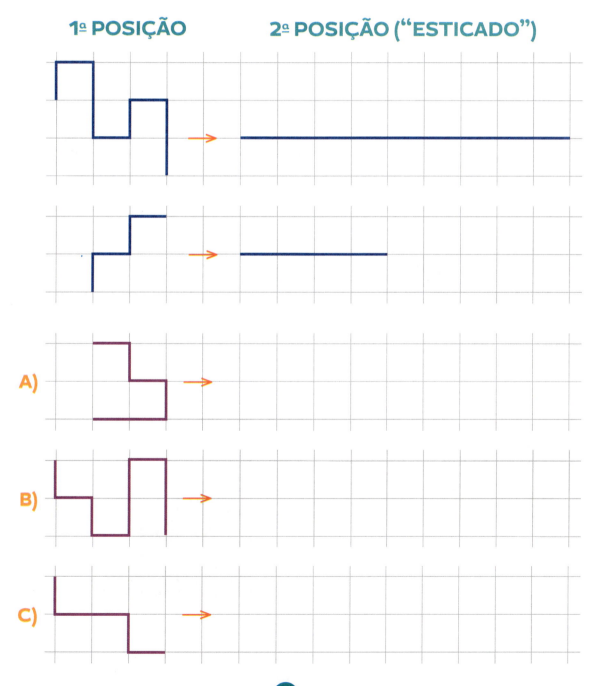

PINTAR QUADRINHOS E INDICAR A ADIÇÃO

◆ PINTE 3 QUADRINHOS DE . PINTE OS DEMAIS DE .

AGORA INDIQUE OS NÚMEROS E A ADIÇÃO.

TOTAL DE QUADRINHOS: _____

ADIÇÃO: _____ + _____ = _____

◆ PINTE 4 QUADRINHOS DE . PINTE OS DEMAIS DE .

TOTAL DE QUADRINHOS: _____

ADIÇÃO: _____ + _____ = _____

◆ AGORA INDIQUE A ADIÇÃO EM CADA FIGURA ABAIXO.

A)

B)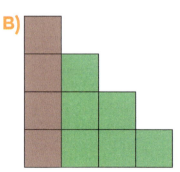

_____ + _____ = _____   _____ + _____ = _____

VAMOS EFETUAR SUBTRAÇÕES!

◆ DESCUBRA O SEGREDO E INDIQUE A SUBTRAÇÃO EM CADA ITEM.

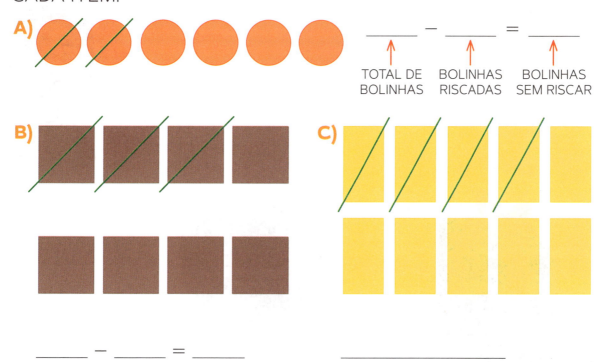

A) _____ − _____ = _____
   ↑ TOTAL DE BOLINHAS   ↑ BOLINHAS RISCADAS   ↑ BOLINHAS SEM RISCAR

B) _____ − _____ = _____

C) _____

◆ NOS ITENS SEGUINTES, VOCÊ DEVE DESENHAR, RISCAR E COMPLETAR A SUBTRAÇÃO.

D) 7 − 3 = _____   E) 10 − 4 = _____   F) 9 − 7 = _____

19

QUAL É A CAIXA DO PRESENTE DE NANÁ?

DESCUBRA E ASSINALE-A COM **X**.

 ELA TEM A FORMA PARECIDA COM A DE UM CUBO.

 ELA NÃO É VERDE.

 FAIXA DECORATIVA: VAMOS COMPLETAR?

DESCUBRA UMA REGULARIDADE E COMPLETE A FAIXA DE ACORDO COM ELA.

QUE BOLAS MARA E PEDRO VÃO GANHAR?

VEJA OS DESENHOS DAS BOLAS DA LOJA DE BRINQUEDOS.

- NA BOLA QUE MARA VAI GANHAR NÃO APARECE A COR VERDE.
- A COR AMARELA APARECE NA BOLA QUE PEDRO VAI GANHAR.

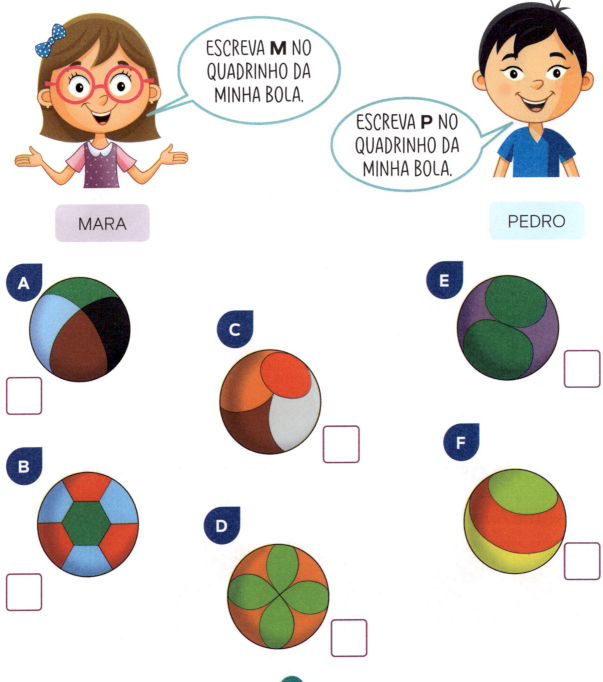

🚩 POSSIBILIDADES

MURILO TEM 3 BOLAS COLORIDAS E 2 CAIXAS.
ELE VAI COLOCAR 2 BOLAS NA CAIXA DA ESQUERDA E 1 BOLA NA CAIXA DA DIREITA.
PINTE AS BOLAS PARA MOSTRAR AS TRÊS MANEIRAS DIFERENTES DE FAZER ISSO.

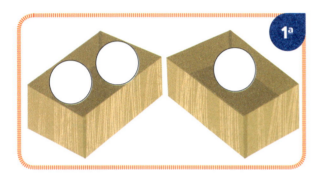

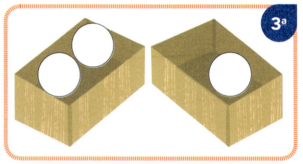

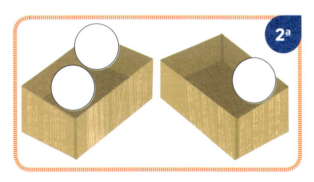

🧩 FAIXA DECORATIVA: VAMOS COMPLETAR?

DESCUBRA A REGULARIDADE PARA COMPLETAR A FAIXA.

CUBOS E BOLAS NA BALANÇA

UMA BALANÇA FICOU COM OS DOIS PRATOS EQUILIBRADOS QUANDO JONAS COLOCOU UM CUBO EM UM PRATO E DUAS BOLAS IGUAIS NO OUTRO PRATO. VEJA:

DESENHE SOMENTE BOLAS NO PRATO DA DIREITA PARA QUE OS DOIS PRATOS CONTINUEM EQUILIBRADOS.

A)

B)

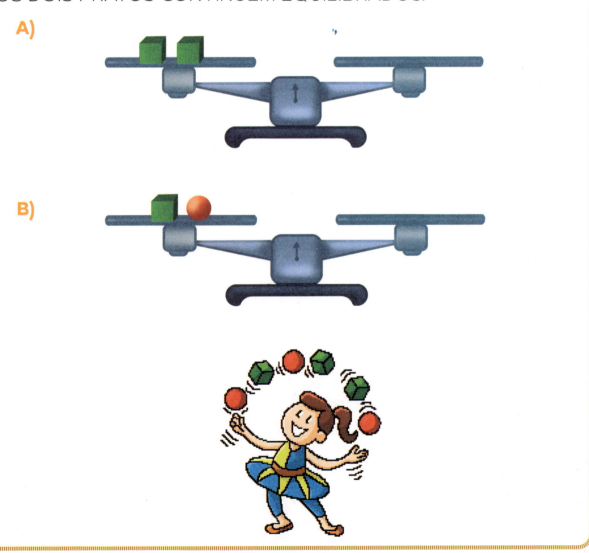

É HORA DE JUNTAR BOLINHAS COLORIDAS

OBSERVE OS DOIS EXEMPLOS E DESCUBRA O SEGREDO.

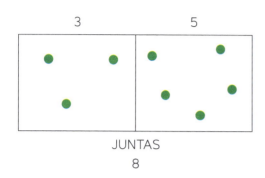

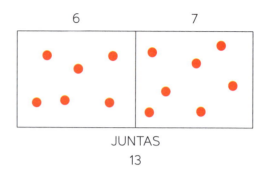

AGORA COMPLETE MAIS ESTES DESENHANDO BOLINHAS E ESCREVENDO NÚMEROS.

A)

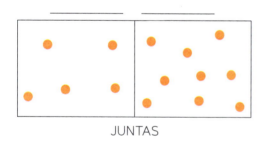

B)

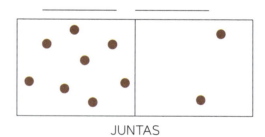

C)

D)

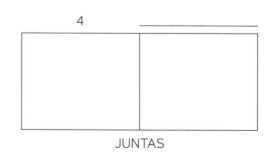

VAMOS PINTAR CAMISETAS?

OBSERVE OS MENINOS REPRESENTADOS ABAIXO. PINTE AS CAMISETAS E COLOQUE SEUS NOMES DE ACORDO COM ESTAS INFORMAÇÕES:

- O MAIS ALTO DE TODOS SE CHAMA M Á R I O E SUA CAMISETA É 🔵.

- O MAIS BAIXO DE TODOS SE CHAMA A R T U R E SUA CAMISETA É 🔴.

- O QUE ESTÁ ENTRE O MAIS ALTO E O MAIS BAIXO SE CHAMA L U C A S E SUA CAMISETA É 🟡.

- O QUE SOBROU SE CHAMA B R U N O E SUA CAMISETA É 🟢.

25

CÁLCULO MENTAL: ADIÇÕES COM RESULTADO ATÉ 10

VEJA COMO VICENTE E ROSANA EFETUARAM $5 + 3$:
VICENTE USOU OS DEDOS DAS MÃOS.

INICIALMENTE MOSTRO 5 DEDOS.

DEPOIS MOSTRO MAIS 3 E CONTO O TOTAL: 8.

LOGO, $5 + 3 = 8$.

ROSANA PENSOU NA SEQUÊNCIA

SAIO DO 5 E "ANDO" 3 CASAS PARA A FRENTE. FALO 6, 7, 8.

LOGO, $5 + 3 = 8$.
AGORA VOCÊ!

A) USE OS DEDOS DAS MÃOS, CALCULE MENTALMENTE E REGISTRE OS RESULTADOS.

$4 + 4 =$ _____ $6 + 1 =$ _____ $3 + 6 =$ _____

B) USE A SEQUÊNCIA DOS NÚMEROS DE 0 A 10 E REGISTRE OS RESULTADOS.

$5 + 2 =$ _____ $3 + 3 =$ _____ $1 + 4 =$ _____

C) FAÇA COMO JULGAR MAIS CONVENIENTE E REGISTRE OS RESULTADOS.

$7 + 3 =$ _____ $3 + 2 =$ _____ $5 + 4 =$ _____

CÁLCULO MENTAL: VAMOS COMPLETAR 10?

OBSERVE OS EXEMPLOS DE "COMPLETAR 10":

AGORA VOCÊ!

◆ COMPLETE AS FRASES NOS TRAÇOS COM OS NÚMEROS QUE FALTAM.

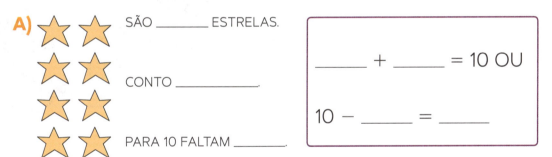

A) SÃO _____ ESTRELAS.

CONTO _____.

PARA 10 FALTAM _____.

_____ + _____ = 10 OU

10 − _____ = _____

◆ FINALMENTE, CONTE SEM O USO DE FIGURAS E COMPLETE AS FRASES NOS TRAÇOS.

SE QUISER, USE OS DEDOS DAS MÃOS.

B) 6 PARA 10 FALTAM _____

C) 0 PARA 10 FALTAM _____

D) 9 + _____ = 10

E) _____ + 3 = 10

F) 10 − 1 = _____

G) 10 − 2 = _____

CÁLCULO MENTAL: VAMOS PRATICAR?

COMPLETE AS FRASES NOS TRAÇOS.
EFETUE OS CÁLCULOS MENTALMENTE.

A) ANA TEM UMA NOTA DE

_____ REAIS E UMA NOTA

DE _____ REAIS.
NO TOTAL, ELA TEM A

QUANTIA DE _____ REAIS.

B) CARLOS ESTÁ FAZENDO

_____ ANOS.
NO ANO QUE VEM ELE

VAI FAZER _____ ANOS.

C) MARINA ESTÁ FAZENDO

_____ ANOS.
ELA COMPLETARÁ
10 ANOS DAQUI A

_____ ANOS.

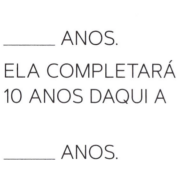

AS CAIXAS DE LÁPIS DE COR DE PAULO E DE ANA

CADA CRIANÇA TEM UMA DAS CAIXAS ABAIXO.
LIGUE AS DUAS CAIXAS DE ACORDO COM AS INFORMAÇÕES:

JUNTANDO NOSSOS LÁPIS DÁ 10 NO TOTAL.

PAULO

A MINHA CAIXA E A CAIXA DE PAULO TÊM A MESMA QUANTIDADE DE LÁPIS.

ANA

MOSAICO: VAMOS COMPLETAR?

DESCUBRA A REGULARIDADE PARA COMPLETAR O MOSAICO.

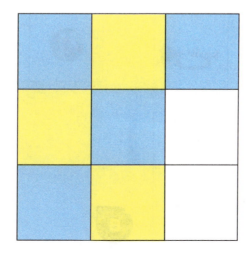

BOLA, PIÃO E CORNETA

OBSERVE OS QUADROS ABAIXO. CONTORNE A LETRA DO QUADRO QUE TEM A BOLA, O PIÃO E A CORNETA EM TODAS AS SUAS LINHAS (☐☐☐) E EM TODAS AS SUAS COLUNAS (☐/☐/☐).

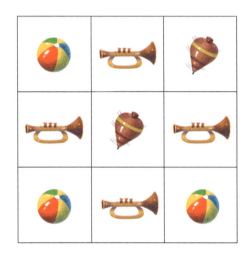
A

C

B

SEQUÊNCIAS DE PIPAS: FIQUE ATENTO!

DESCUBRA UMA REGULARIDADE EM CADA SEQUÊNCIA DE PIPAS.
PINTE A ÚLTIMA PIPA DE ACORDO COM ESSA REGULARIDADE.

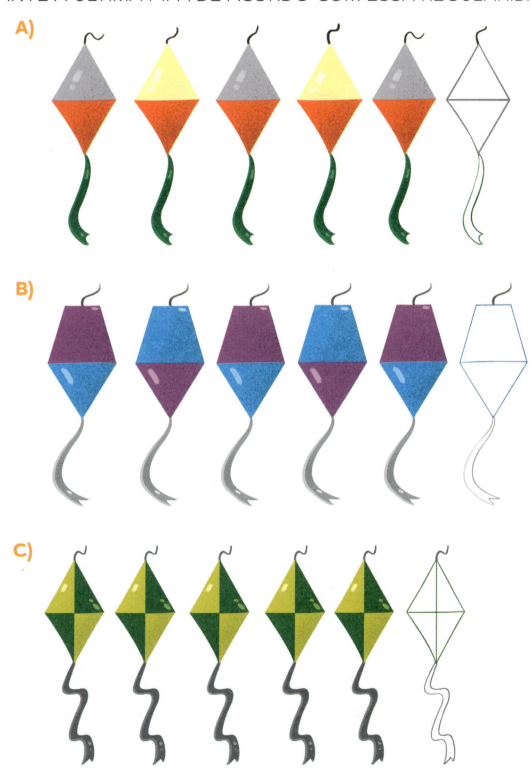

OS CARRINHOS DE MÁRCIO: ESTIMATIVA E VERIFICAÇÃO

MÁRCIO DESENHOU SEUS CARRINHOS E AGORA VAI PINTÁ-LOS.

A) CONTE E RESPONDA: QUANTOS CARRINHOS ELE DESENHOU? _____

B) FAÇA UMA ESTIMATIVA E REGISTRE: SE MÁRCIO PINTAR 3 DE 🟢, 3 DE 🔴 E OS RESTANTES DE 🟡, QUANTOS SERÃO PINTADOS DE AMARELO? _____

C) AGORA PINTE OS CARRINHOS COM AS CORES CITADAS, REGISTRE AS QUANTIDADES E CONFIRA SUA ESTIMATIVA.

🟢: _____   🔴: _____   🟡: _____

D) FINALMENTE, ASSINALE COMO FOI SUA ESTIMATIVA.

BOA ☐   RUIM ☐

CÁLCULO MENTAL: SUBTRAÇÕES COM NÚMEROS ATÉ 10

VEJA COMO NALDO E CLARA EFETUARAM 7 – 3.
NALDO USOU OS DEDOS DAS MÃOS.

MOSTRO 7 DEDOS.

DEPOIS ESCONDO 3 DELES. FICAM APARECENDO 4 DEDOS.

LOGO, 7 – 3 = 4.

CLARA PENSOU NA SEQUÊNCIA

0 1 2 3 4 5 6 7 8 9 10

SAIO DO 7 E "ANDO" 3 CASAS PARA TRÁS. FALO 6, 5, 4.

LOGO, 7 – 3 = 4.
AGORA VOCÊ!

A) USE OS DEDOS DAS MÃOS, CALCULE MENTALMENTE E REGISTRE OS RESULTADOS.

10 – 2 = ____   5 – 4 = ____   6 – 3 = ____

B) USE A SEQUÊNCIA DOS NÚMEROS DE 0 A 10, CALCULE E REGISTRE OS RESULTADOS.

8 – 3 = ____   3 – 1 = ____   7 – 2 = ____

CÁLCULO MENTAL: VAMOS PRATICAR?

AS CRIANÇAS FORAM ÀS COMPRAS!
FAÇA OS CÁLCULOS MENTALMENTE E COMPLETE AS FRASES NOS TRAÇOS.

A) A BOLA CUSTA _____ REAIS.

SE ANTONELA COMPRAR DUAS

BOLAS, VAI GASTAR _____ REAIS.

5 REAIS

4 REAIS

B) O ABACAXI CUSTA _____ REAIS.

SE MAURO COMPRAR UM ABACAXI E PAGAR COM UMA NOTA DE 10 REAIS, O

TROCO SERÁ DE _____ REAIS.

C) O CADERNO CUSTA _____ REAIS.

JAIRO TEM 7 REAIS.

PARA JAIRO COMPRAR O

CADERNO FALTAM _____ REAIS.

10 REAIS

8 REAIS

D) A CAIXA DE SUCO CUSTA _____ REAIS.

SE FOR VENDIDA COM 2 REAIS DE

DESCONTO, SEU PREÇO SERÁ _____ REAIS.

CÁLCULO MENTAL: CAÇA ÀS CONTINHAS ERRADAS

EM CADA ITEM HÁ 3 OPERAÇÕES COM OS RESULTADOS CORRETOS E 1 OPERAÇÃO COM O RESULTADO ERRADO. PINTE O QUADRO DA OPERAÇÃO QUE ESTÁ COM O RESULTADO ERRADO.
REESCREVA ESSA OPERAÇÃO E COLOQUE O RESULTADO CORRETO.

A) 3 + 2 = 5   4 + 4 = 8   6 + 3 = 7   9 + 1 = 10

CORREÇÃO: _____ + _____ = _____

B) 8 − 2 = 6   10 − 1 = 9   6 − 6 = 0   7 − 3 = 5

CORREÇÃO: _____ − _____ = _____

C) 2 + 4 = 6   8 − 5 = 2   3 + 5 = 8   9 − 8 = 1

CORREÇÃO: _____ − _____ = _____

D) 3 + 3 = 6   10 − 6 = 4   4 − 2 = 2   2 + 8 = 9

CORREÇÃO: _____ + _____ = _____

CÁLCULO MENTAL: VAMOS INVENTAR CONTINHAS?

VOCÊ INVENTA E REGISTRA.

A) 3 ADIÇÕES COM RESULTADO 7

____ + ____ = 7

____ + ____ = 7

____ + ____ = 7

B) 3 SUBTRAÇÕES COM RESULTADO 2

____ − ____ = 2

____ − ____ = 2

____ − ____ = 2

C) 3 ADIÇÕES COM RESULTADO 10

_____   _____   _____

D) 3 SUBTRAÇÕES COM RESULTADO 8

_____   _____   _____

E) 3 SUBTRAÇÕES COM RESULTADO 0

_____   _____   _____

🚩 AS CASINHAS DE LULU E LILI

AS CASINHAS DE LULU E LILI SÃO IGUAIS NO TAMANHO, NA FORMA E NAS CORES.
PINTE TODAS AS PARTES QUE ESTÃO EM BRANCO.

🧩 SEQUÊNCIA: VAMOS COMPLETAR?

DESCUBRA A REGULARIDADE PARA COMPLETAR A SEQUÊNCIA.

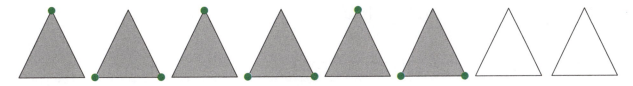

CÁLCULO MENTAL: OS NÚMEROS DE 11 A 19

VEJA COMO REGINA PENSOU AO PINTAR 10 QUADRINHOS DE AZUL E 1 QUADRINHO DE AMARELO.

PARTE AZUL: 10 OU 1 DEZENA.
PARTE AMARELA: 1 UNIDADE.
TOTAL: 10 + 1 = 11 (ONZE).

1 1 QUADRINHOS PINTADOS
1 DEZENA 1 UNIDADE
(10) (1)

10 + 1 = 11

AGORA VOCÊ!

- FAÇA COMO NOS EXEMPLOS ANTERIORES:

_____ + _____ = _____
(DEZESSETE)

- NESTE ITEM VOCÊ DEVE PINTAR OS QUADRINHOS PARA OBTER 13 (TREZE):

- FINALMENTE, SEM O USO DE FIGURAS, CALCULE MENTALMENTE E REGISTRE O RESULTADO:

A) 10 + 6 = _____ (DEZESSEIS)

B) 10 + 8 = _____ (DEZOITO)

C) 10 + 9 = _____ (DEZENOVE)

D) 10 + 4 = _____ (QUATORZE)

🚩 BALAS, QUANTIDADES E NÚMEROS

CONTORNE COM A MESMA COR O GRUPO DE BALAS E O NÚMERO CORRESPONDENTE À QUANTIDADE DE BALAS DO GRUPO.
USE AS CORES INDICADAS!
O PRIMEIRO JÁ ESTÁ FEITO.

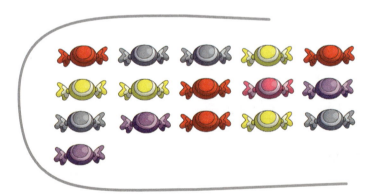

16   19   13   10

CÁLCULO MENTAL: CADA CAMINHO COM SUA MEDIDA DE COMPRIMENTO

OBSERVE CADA FIGURA E REGISTRE AS MEDIDAS NOS TRAÇOS. FAÇA OS CÁLCULOS MENTALMENTE.

A)

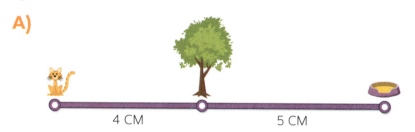

- DO GATO ATÉ A ÁRVORE: _____ CM.

- DA ÁRVORE ATÉ A CAMINHA: _____ CM.

- DO GATO ATÉ A CAMINHA: _____ CM.

B)

- DO CACHORRO ATÉ A CASINHA: _____ CM.

- DO VASO ATÉ A CASINHA: _____ CM.

- DO CACHORRO ATÉ O VASO: _____ CM.

C)

- DO RATO ATÉ O PRATO: _____ CM.

- DO PRATO ATÉ O QUEIJO: _____ CM.

- DO RATO ATÉ O QUEIJO: _____ CM.

CIRCUNFERÊNCIAS E TRIÂNGULOS: VAMOS CONTAR?

◆ NA FIGURA FEITA POR CÁTIA, HÁ QUANTAS CIRCUNFERÊNCIAS NO TOTAL? _____

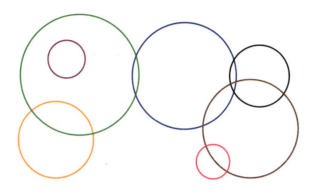

◆ E NA FIGURA FEITA POR HÉLIO, HÁ QUANTOS TRIÂNGULOS NO TOTAL? _____
◆ UMA DICA: A RESPOSTA NÃO É 4.

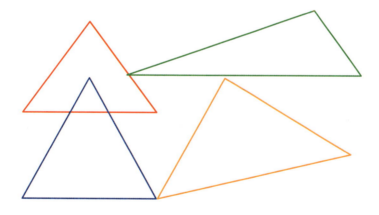

SEQUÊNCIA: VAMOS COMPLETAR?

DESCUBRA A REGULARIDADE PARA COMPLETAR A SEQUÊNCIA.

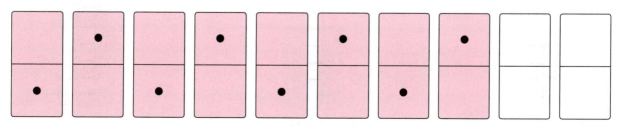

🚩 NA AULA DE CIÊNCIAS

MARTA E SEUS COLEGAS USARAM TRÊS VASILHAS IGUAIS EM CADA EXPERIÊNCIA.
ELES COLOCAVAM ÁGUA EM DUAS DELAS E DEPOIS DESPEJAVAM TUDO NA TERCEIRA.
VEJA UM EXEMPLO:

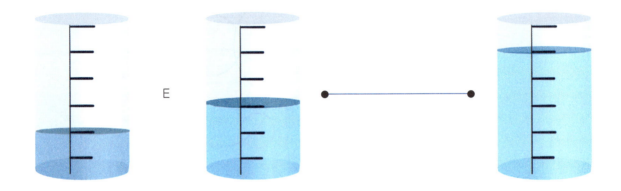

AGORA LIGUE DUAS VASILHAS COM A TERCEIRA CORRESPONDENTE QUE APARECE MAIS ABAIXO.

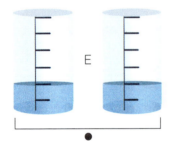 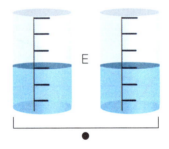 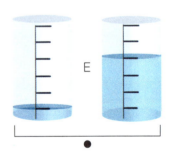

CÁLCULO MENTAL:
SOMAR 1, SOMAR 2, SOMAR 3, SOMAR 4...
TIRAR 1, TIRAR 2, TIRAR 3, TIRAR 4...

VEJA COMO EFETUAR MENTALMENTE OS CÁLCULOS A SEGUIR:

8 + 4

17 − 3

SAIO DO 8, "ANDO" 4 PARA A FRENTE E PENSO: 9, 10, 11, 12.

SAIO DO 17, "ANDO" 3 PARA TRÁS E PENSO: 16, 15, 14.

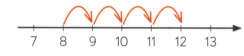

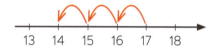

LOGO, 8 + 4 = 12.

LOGO, 17 − 3 = 14.

◆ FAÇA COMO CARINA E ROBERTO E COMPLETE AS FRASES.

A) 12 + 3 → SAIO DO _____ E PENSO _____, _____, _____

LOGO, 12 + 3 = _____.

B) 11 − 2 → SAIO DO _____ E PENSO _____, _____

LOGO, 11 − 2 = _____.

◆ AGORA CALCULE MENTALMENTE E REGISTRE O RESULTADO.

C) 7 + 4 = _____   **E)** 12 − 3 = _____   **G)** 14 − 4 = _____

D) 10 − 2 = _____   **F)** 16 + 2 = _____   **H)** 8 + 3 = _____

CÁLCULO MENTAL E REGULARIDADES

EM CADA ITEM, DESCUBRA UMA REGULARIDADE EM QUE OS NÚMEROS AUMENTAM OU DIMINUEM SEMPRE EM UM MESMO VALOR.
COMPLETE OS NÚMEROS QUE FALTAM DE ACORDO COM ESSA REGULARIDADE.

QUEM TEM MAIS? QUEM TEM MENOS? VAMOS DESCOBRIR?

| B | I | A | TEM DUAS NOTAS DE 5 REAIS.

| R | U | I | TEM 5 REAIS A MAIS DO QUE BIA.

| I | S | A | TEM 3 REAIS A MENOS DO QUE RUI.

◆ ANALISE OS TRÊS QUADROS.
ESCREVA, EM CADA UM, O NOME DA CRIANÇA E SUA QUANTIA.

 A)  _____ REAIS.

 B)  _____ REAIS.

 C)  _____ REAIS.

◆ FINALMENTE, EM **A**, **B** E **C**, COLOQUE **X** NA FRENTE DO NOME DA CRIANÇA QUE TEM A QUANTIA MAIOR E * NA FRENTE DO NOME DA CRIANÇA QUE TEM A QUANTIA MENOR.

VAMOS "CAÇAR" REGIÕES PLANAS?

VEJA AS REGIÕES PLANAS QUE MARISA DESENHOU E PINTOU.

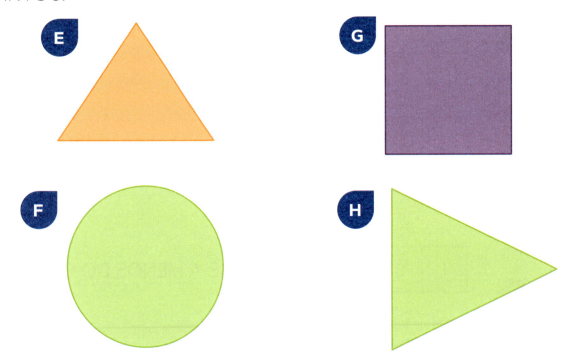

COLOQUE A LETRA DE ACORDO COM A DESCRIÇÃO:

A) É VERDE E TEM A FORMA TRIANGULAR. → ☐

B) NÃO É VERDE E TEM A FORMA TRIANGULAR. → ☐

C) É VERDE E NÃO TEM A FORMA TRIANGULAR. → ☐

D) NÃO É VERDE E NÃO TEM A FORMA TRIANGULAR. → ☐

 ## SEQUÊNCIA: VAMOS COMPLETAR?

DESCUBRA A REGULARIDADE PARA COMPLETAR A SEQUÊNCIA.

OS PRATOS E AS LARANJAS

◆ OBSERVE AS FIGURAS E COMPLETE AS FRASES NOS TRAÇOS COM NÚMEROS.

A) _____ PRATOS

_____ LARANJAS EM CADA PRATO

_____ LARANJAS NO TOTAL

B) _____ PRATOS

_____ LARANJAS EM CADA PRATO

_____ LARANJAS NO TOTAL

C) _____ PRATOS

_____ LARANJAS EM CADA PRATO

_____ LARANJAS NO TOTAL

◆ AGORA VOCÊ DEVE DESENHAR E COMPLETAR.

D) 2 PRATOS

5 LARANJAS EM CADA PRATO

TOTAL: _____ LARANJAS.

E) 3 PRATOS

3 LARANJAS EM CADA PRATO

TOTAL: _____ LARANJAS.

REPARTIR IGUALMENTE

OBSERVE O AQUÁRIO GRANDE E O NÚMERO TOTAL DE PEIXINHOS DA FIGURA A SEGUIR.

DISTRIBUA ESSES PEIXINHOS NOS AQUÁRIOS PEQUENOS.
MAS ATENÇÃO: TODOS OS AQUÁRIOS DEVEM FICAR COM O MESMO NÚMERO DE PEIXINHOS.

AGORA COMPLETE AS FRASES NOS TRAÇOS:

◆ NO AQUÁRIO GRANDE HAVIA _____ PEIXINHOS;

◆ SÃO _____ AQUÁRIOS PEQUENOS;

◆ FICARAM _____ PEIXINHOS EM CADA AQUÁRIO.

AS CORRIDAS DE CARROS

PINTE OS CARRINHOS DE ACORDO COM AS INFORMAÇÕES.

A) NESTA CORRIDA:

- OS CARROS TÊM ESTAS CORES: 🔴, 🟡 E 🔵;
- O 2º É AZUL;
- O 1º NÃO É AMARELO.

B) NESTA CORRIDA:

- OS CARROS TÊM ESTAS CORES: 🟤, 🟢 E 🟠;
- O VERDE NÃO É O 1º;
- O LARANJA NÃO É O 1º NEM O 3º.

CÁLCULO MENTAL E REGULARIDADES

OBSERVE AS REPRESENTAÇÕES COMPLETAS E DESCUBRA UMA REGULARIDADE.
DEPOIS COMPLETE AS DEMAIS REPRESENTAÇÕES MANTENDO ESSA REGULARIDADE.

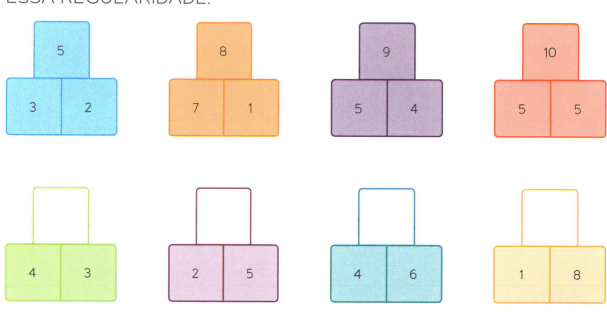

A GRANDE PIRÂMIDE

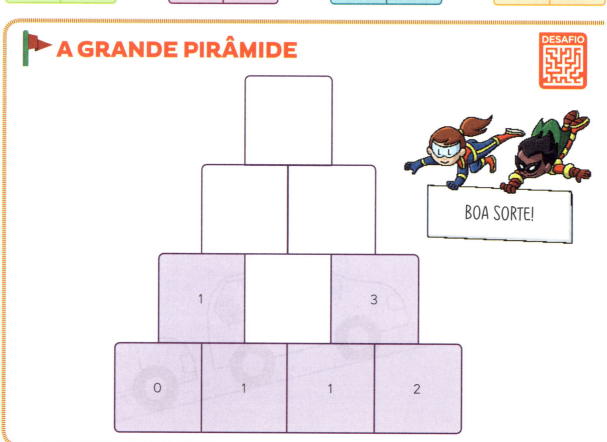

BOA SORTE!

CÁLCULO MENTAL EM SITUAÇÕES-PROBLEMA

COMPLETE NOS TRAÇOS E INDIQUE A OPERAÇÃO CORRESPONDENTE. FAÇA OS CÁLCULOS MENTALMENTE.

A) DINHEIRO DE PAULO:

PAULO TEM _____ REAIS E A BOLA CUSTA _____ REAIS.

PARA PAULO COMPRAR A BOLA FALTAM _____ REAIS.

_____ + _____ = _____ OU _____ − _____ = _____

B) NAIR PRECISA DE _____ OVOS PARA FAZER UM DOCE. ELA TEM _____ OVOS.

ENTÃO, NAIR PRECISA DE MAIS _____ OVOS.

_____ + _____ = _____ OU _____ − _____ = _____

C) OBSERVE A FIGURA AO LADO.
DO VASO ATÉ A BOLA

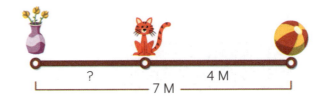

SÃO _____ METROS.

DO GATO ATÉ A BOLA SÃO _____ METROS.

ENTÃO, DO VASO ATÉ O GATO SÃO _____ METROS.

_____ + _____ = _____ OU _____ − _____ = _____

O CÓDIGO E OS ANIMAIS

CÓDIGO

1	2	3	4	5	6	7	8	9	10
A	E	G	L	O	P	R	S	T	U

DECIFRE O CÓDIGO, DESCUBRA AS LETRAS E COMPLETE OS QUADROS COM O NOME DOS ANIMAIS.
DEPOIS, LIGUE CADA NOME AO ANIMAL CORRESPONDENTE.

NOMES **ANIMAIS**

7	1	9	5
R			O

6	2	7	10

8	1	6	5

3	1	9	5

9	1	9	10

O JOGO DE DADOS

NINA, BETO, LARA E TITO ESTÃO DISPUTANDO UM JOGO DE DADOS.
NO GRÁFICO ABAIXO TEMOS A PONTUAÇÃO DE UMA RODADA.

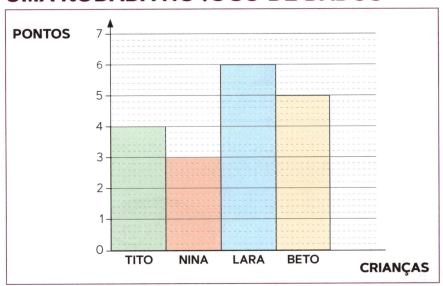

FONTE: DADOS COLETADOS PELAS CRIANÇAS.

◆ AGORA COMPLETE AS INFORMAÇÕES QUE FALTAM DO JOGO INDICANDO O NOME DA CRIANÇA, SUA PONTUAÇÃO E O DESENHO DA FACE DO DADO QUE MOSTRA A PONTUAÇÃO. A DE TITO JÁ ESTÁ FEITA.

| T | I | T | O | | L | A | R | A | | | | | | | | | | |

4 PONTOS   _____ PONTOS   _____ PONTOS   _____ PONTOS

◆ VENCEU A RODADA QUEM MARCOU MAIS PONTOS. ESCREVA O NOME DO VENCEDOR AQUI:

QUEM SOU EU? ASSINALE COM X

A) SOU A CASA COM NÚMERO MAIOR DO QUE 9 E MENOR DO QUE 15.

B) SOU UM DESTES OBJETOS E NÃO TENHO A FORMA PARECIDA COM A FORMA DO CUBO.

C) SOU UMA DESTAS NOTAS E MEU VALOR É MENOR DO QUE 5 REAIS.

PINTAR, DESENHAR, ASSINALAR E CONTORNAR

A) PINTE...

...DE 🟢 O BALÃO DO MEIO.

...DE 🔴 O MAIOR BALÃO.

...DE 🔵 O BALÃO QUE SOBRAR.

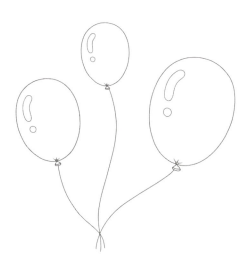

B) DESENHE...

...3 BOLAS NO QUADRO VERDE.

...5 BOLAS NO QUADRO LARANJA.

...4 BOLAS NO QUADRO MARROM.

C) ASSINALE...

...COM **X** O TRIÂNGULO.

...COM ● A CIRCUNFERÊNCIA.

...COM ~ O QUADRADO.

D) CONTORNE...

...COM O OS NÚMEROS MENORES DO QUE 8.

...COM ▢ OS NÚMEROS DE 8 ATÉ 12.

...COM △ OS NÚMEROS MAIORES DO QUE 12.

AS CASINHAS DE LULU, TOTÓ E MIMI

PELAS INFORMAÇÕES DADAS, VOCÊ PODE DESCOBRIR A CASINHA DE CADA UM DOS CACHORROS.
DEPOIS É SÓ PINTAR AS CASINHAS E COLOCAR OS NOMES DELES.

CASINHA DE LULU.

O CAMINHO QUE LEVA A ELA TEM:
5 QUADRINHOS AZUIS
6 QUADRINHOS VERMELHOS
4 QUADRINHOS VERDES.

CASINHA DE TOTÓ.

O CAMINHO QUE LEVA A ELA TEM:
5 QUADRINHOS AZUIS
5 QUADRINHOS VERMELHOS
5 QUADRINHOS VERDES.

CASINHA DE MIMI.   É A QUE SOBROU.

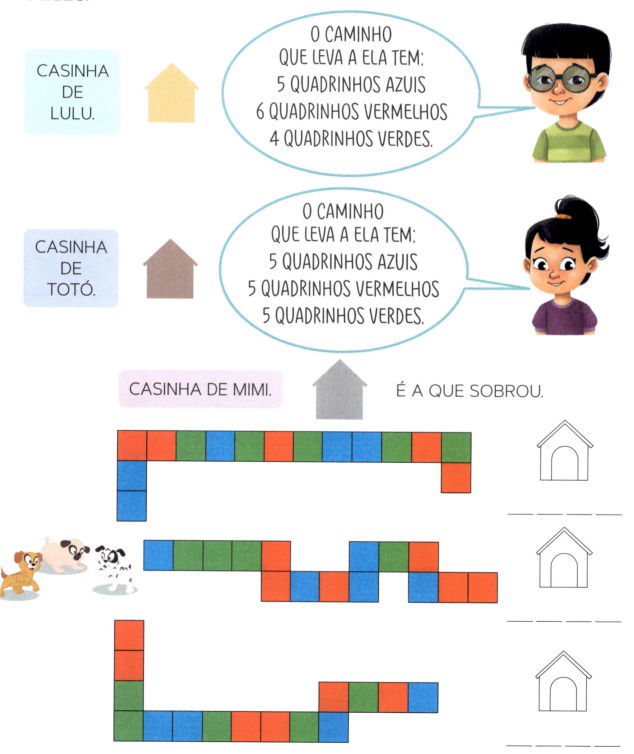

🚩 CONTORNE O GRUPO

EM CADA ITEM CONTORNE O GRUPO CITADO.

A) O GRUPO QUE TEM EXATAMENTE 5 BALAS.

B) O GRUPO EM QUE TODOS OS NÚMEROS SÃO MAIORES DO QUE 3 E MENORES DO QUE 8.

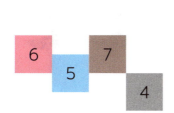 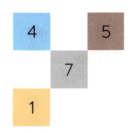 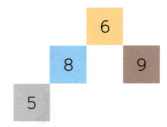

C) O GRUPO QUE NÃO TEM TRIÂNGULO.

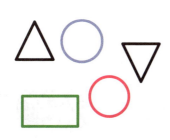  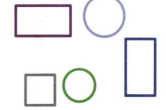

D) O GRUPO QUE TEM TODAS AS LETRAS DA PALAVRA **MATEMÁTICA**.

AS FILAS DE PATINHOS

PINTE OS QUADRINHOS DAS FILAS DE PATINHOS, USANDO AS CORES DE ACORDO COM O INDICADO.

- 🟠 FILA COM O MAIOR NÚMERO DE PATINHOS.
- 🟠 FILA COM EXATAMENTE 6 PATINHOS.
- 🔵 FILA EM QUE O 1º E O 3º PATINHOS TÊM A MESMA COR.
- 🟣 FILA COM O MENOR NÚMERO DE PATINHOS.
- 🟢 FILA QUE SOBROU.

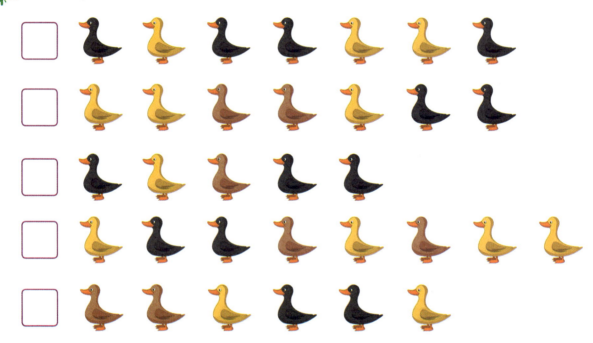

🧩 SEQUÊNCIA: VAMOS COMPLETAR?

BOA SORTE!

DESCUBRA A REGULARIDADE PARA COMPLETAR A SEQUÊNCIA.

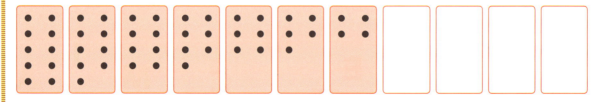

10   9   8   7   6   5   4   ____   ____   ____   ____

PARA CADA QUANTIDADE, UM NÚMERO

A) OBSERVE O QUADRO ABAIXO.

EM CADA UMA DE SUAS PARTES HÁ UM GRUPO DE ANIMAIS.

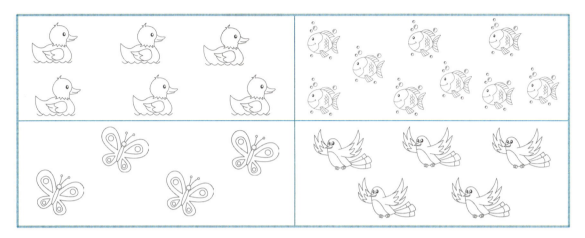

PINTE O QUADRO QUE TEM TODOS OS NÚMEROS DAS QUANTIDADES DESSES ANIMAIS NAS POSIÇÕES A ELES CORRESPONDENTES.

6	9
5	4

6	5
4	9

6	9
4	5

B) VEJA AGORA O QUADRO COM GRUPOS DE FRUTAS.

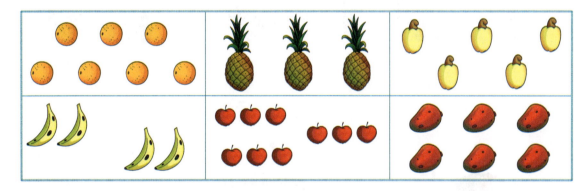

FAÇA O MESMO QUE FOI FEITO NO ITEM ANTERIOR.

7	3	5
4	8	6

7	3	5
4	9	6

7	3	5
4	6	9

AS COMPRAS DE NANCI

NO PASSEIO QUE FEZ, NANCI COMPROU 1 CADERNO, 1 BOLA E 1 SORVETE.

O CADERNO FOI O MAIS CARO DOS TRÊS.

O SORVETE FOI O MAIS BARATO DOS TRÊS.

LIGUE CADA UMA DAS QUANTIAS DOS QUADROS AO PRODUTO A ELA CORRESPONDENTE.
DEPOIS ESCREVA OS NÚMEROS NOS TRAÇOS PARA INDICAR OS TRÊS PREÇOS.

_____ REAIS   _____ REAIS   _____ REAIS

VAMOS DESPEJAR ÁGUA NAS VASILHAS?

VEJA AS 5 VASILHAS DESENHADAS ABAIXO, TODAS IGUAIS E COM 6 DIVISÕES.
OBSERVE A QUANTIDADE DE ÁGUA EM CADA UMA DELAS.

● AGORA É HORA DE PINTAR A ÁGUA NOS SEGUINTES CASOS:

A) DESPEJANDO A ÁGUA DE **A** EM **B**, COMO VAI FICAR O VASILHAME **B** →

B) DESPEJANDO A ÁGUA DE **C** E **D** EM **E**, COMO VAI FICAR O VASILHAME **E** →

● FINALMENTE, COMPLETE AS FRASES NOS TRAÇOS COM AS LETRAS QUE FALTAM PARA QUE O VASILHAME FIQUE TOTALMENTE CHEIO, SEM SOBRAR ÁGUA.

C) DESPEJANDO A ÁGUA DE _____ EM _____.

D) DESPEJANDO A ÁGUA DE _____, _____ EM _____.

E) DESPEJANDO A ÁGUA DE _____, _____ EM _____.

QUAL É A LETRA?

INDIQUE A LETRA DO QUE É CITADO EM CADA ITEM.

A) A FIGURA COM EXATAMENTE 6 PONTAS: LETRA ☐.

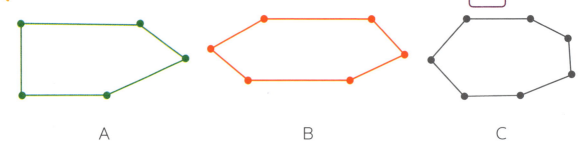

A   B   C

B) OS NÚMEROS QUE JUNTOS SOMAM 10: LETRA ☐.

7 E 2	5 E 3	4 E 8	6 E 4
A	B	C	D

C) A FIGURA CHAMADA DE ESFERA: LETRA ☐.

 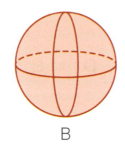  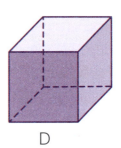

A   B   C   D

D) A CONTINHA QUE ESTÁ ERRADA: LETRA ☐.

9 – 1 = 8	5 – 5 = 0	10 – 3 = 7	9 – 6 = 4
A	B	C	D

E) O NÚMERO QUE INDICA UMA DÚZIA: LETRA ☐.

5	10	12	15
A	B	C	D

BÍPEDE OU QUADRÚPEDE?

OBSERVE QUANTOS ANIMAIS APARECEM ABAIXO!

- OS QUE TÊM DUAS PATAS SÃO CHAMADOS DE **BÍPEDES**.
- OS QUE TÊM QUATRO PATAS SÃO CHAMADOS DE **QUADRÚPEDES**.
- ASSINALE CADA BÍPEDE COM **B** E CADA QUADRÚPEDE COM **Q**.

- AGORA COLOQUE **X** NO GRÁFICO QUE INDICA CORRETAMENTE A QUANTIDADE DE BÍPEDES E QUADRÚPEDES QUE APARECEM ACIMA.

BÍPEDES E QUADRÚPEDES

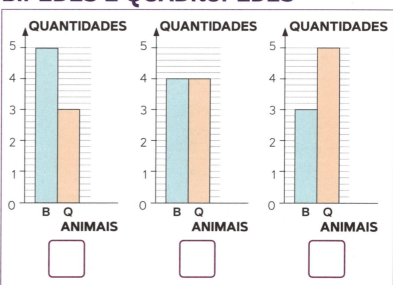

REFERÊNCIAS

BRASIL. MEC. SEF. *BASE NACIONAL COMUM CURRICULAR* – MATEMÁTICA. BRASÍLIA, 2017.

_____. *PARÂMETROS CURRICULARES NACIONAIS* – MATEMÁTICA: PRIMEIRO E SEGUNDO CICLOS DO ENSINO FUNDAMENTAL. BRASÍLIA, 1997.

CARRAHER, T. N. (ORG.). *APRENDER PENSANDO*. 19. ED. PETRÓPOLIS: VOZES, 2008.

DANTE, L. R. *FORMULAÇÃO E RESOLUÇÃO DE PROBLEMAS DE MATEMÁTICA* – TEORIA E PRÁTICA. SÃO PAULO: ÁTICA, 2015.

KOTHE, S. *PENSAR É DIVERTIDO*. SÃO PAULO: EPU, 1970.

KRULIK, S.; REYS, R. E. (ORG.). *A RESOLUÇÃO DE PROBLEMAS NA MATEMÁTICA ESCOLAR*. SÃO PAULO: ATUAL, 1998.

POLYA, G. *A ARTE DE RESOLVER PROBLEMAS*. RIO DE JANEIRO: INTERCIÊNCIA, 1995.

POZO, J. I. (ORG.). *A SOLUÇÃO DE PROBLEMAS*: APRENDER A RESOLVER, RESOLVER PARA APRENDER. PORTO ALEGRE: ARTMED, 1998.

RATHS, L. *ENSINAR A PENSAR*. SÃO PAULO: EPU, 1977.